AF189255

Impressum
Verlag: BABADADA GmbH, Nedderfeld 112 , 22529 Hamburg
Geschäftsführer / Verlagsleitung: Harald Hof
Druck: Books on Demand GmbH, In de Tarpen 42, 22848 Norderstedt

Imprint
Publisher: BABADADA GmbH, Nedderfeld 112 , 22529 Hamburg, Germany
Managing Director / Publishing direction: Harald Hof
Print: Books on Demand GmbH, In de Tarpen 42, 22848 Norderstedt, Germany

# школа

## ښوونځی

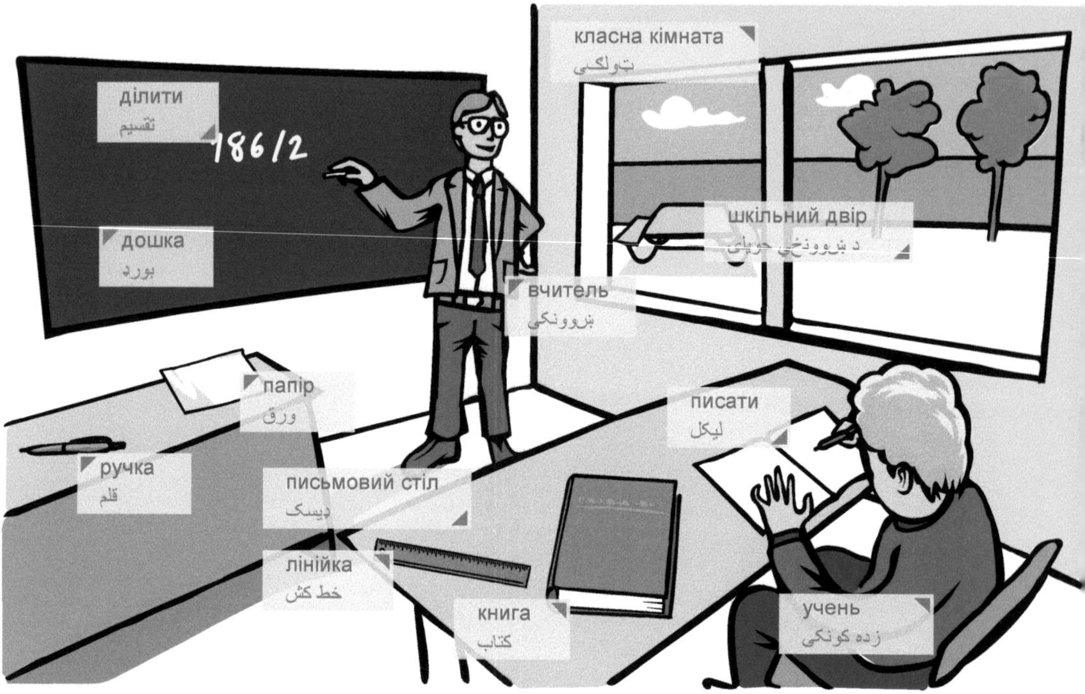

класна кімната
ټولګی
ділити
تقسیم
186/2
дошка
بورډ
шкільний двір
د ښوونځي حویلۍ
вчитель
ښوونکی
папір
ورق
писати
لیکل
ручка
قلم
письмовий стіл
ډیسک
лінійка
خط کش
книга
کتاب
учень
زده کوونکی


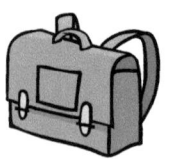

ранець

کڅوړه

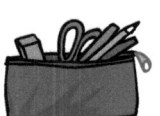

пенал

د پنسل بکسه

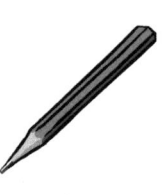

олівець

پنسل

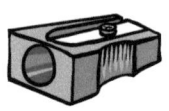

точило

پنسل تراش

гумка

ربړ

альбом для малювання

د رسامۍ پاڼه

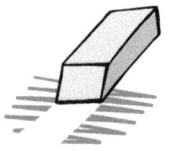

малюнок

رسامي

пензель

د نقاشی برس

коробка фарб

د نقاشی بکس

ножиці

قیچي

клей

سریښ

зошит

د تمرین کتاب

домашнє завдання

کورنی دنده

число

شمیر

додавати

جمع

віднімати

منفي

множити

ضرب

рахувати

حساب

літера

توری

абетка

الفبا

hello

слово

کلمه

текст

متن

читати

لوستل

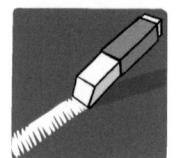

крейда

تباشیر

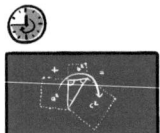

година

درس

класний журнал

راجستر

екзамен

ازموینه

диплом

تصدیق پاڼه

шкільна форма

د ښوونځي یونیفارم

освіта

تعلیم

лексикон

دایره المعارف

університет

پوهنتون

мікроскоп

مایکروسکوپ

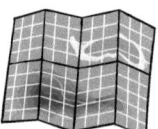

карта

نقشه

кошик для паперу

اشغالدانی

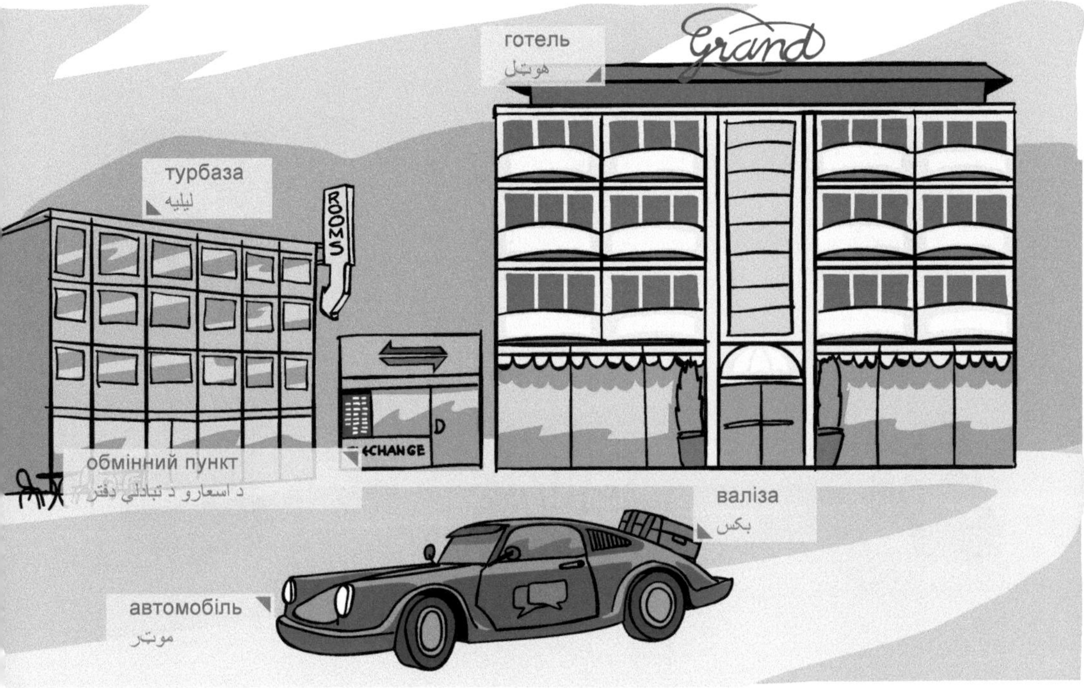

готель
هوټل
Grand
турбаза
ليليه
ROOMS
EXCHANGE
обмінний пункт
د اسعارو د تبادلې دفتر
валіза
بکس
автомобіль
موټر

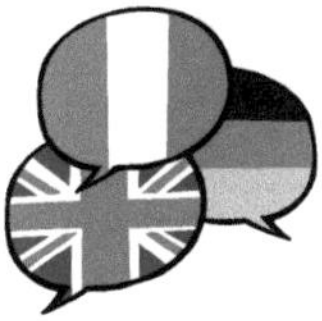

мова

ژبه

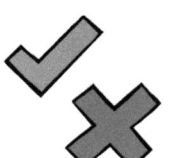

так / ні

هو/نه

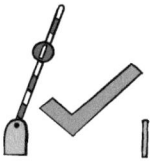

добре

سمه ده

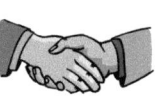

привіт

سلام

перекладач

ژباړونکی

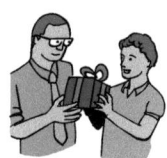

дякую

مننه

Скільки коштує ...?

څومره دي ...؟

Я не розумію

زه نه پوهيږم

проблема

ستونزه

Добрий вечір!

ماښام مو پخير!

Доброго ранку!

سهار په خير!

На добраніч!

شپه په خير!

До побачення

په مخه مو ښه

напрямок

لاربشود

багаж

سامان

сумка

بيگ

рюкзак

شاتنی بکس

гість

ميلمه

кімната

خونه

спальний мішок

د خوب كڅوړه

намет

خيمه

туристична інформація

د توریزم معلومات

пляж

ساحل

кредитна картка

کریدیت کارت

сніданок

ناری

обід

د غرمي خواړه

вечеря

د شپې خواړه

квиток

ټیکټ

ліфт

لفټ

поштова марка

مهر

межа

پوله

митниця

ګمرک

посольство

سفارت

віза

ویزه

паспорт

پاسپورت

# транспорт

## ټرانسپورټ

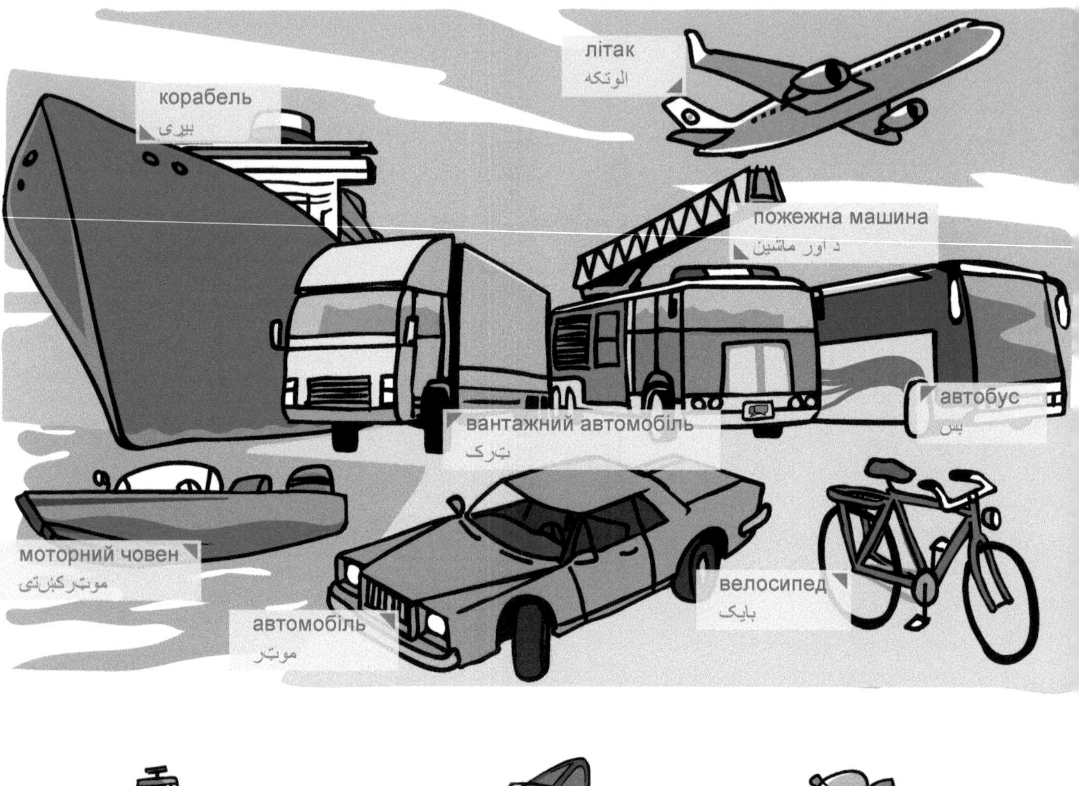

літак
الوتکه
корабель
بېړۍ
пожежна машина
د اور ماشین
автобус
بس
вантажний автомобіль
ټرک
моторний човен
موټرکښتۍ
велосипед
بایک
автомобіль
موټر


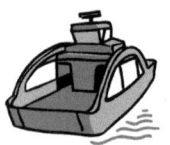

пором

کښتۍ

човен

کښتۍ

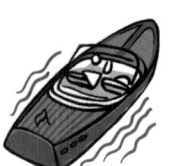

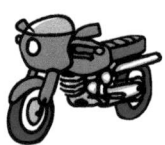

мотоцикл

موټرسایکل

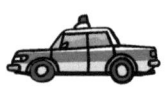

поліцейська машина

د پولیسو موټر

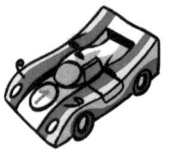

гоночний автомобіль

د ریس موټر

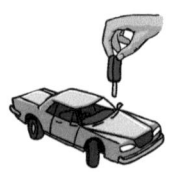

автомобіль на прокат

کرايي موټر

спільне користування авто

د کرايه موټري

евакуатор

جرثقيل لرونکي ټرک

сміттєвоз

ريفيوز ټرک

двигун

موټر

паливо

سونګ توکي

автозаправна станція

پټرول سټيشن

дорожній знак

ترافيکي نښه

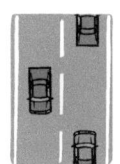

рух

ترافيک

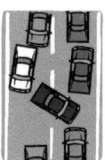

затор

جام ترافيک

стоянка

د موټرو ټمځای

вокзал

د ريل سټيشن

рейки

پاټکي

потяг

ريل

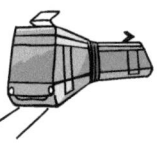

трамвай

ټرام

вагон

واګون

гелікоптер

چورلکه

аеропорт

هوايي ډگر

вежа

برج

пасажир

مسافر

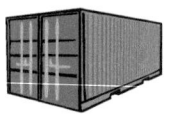

контейнер

کانتينر

коробка

کارتون

візок

کارت

кошик

ټوکرۍ

стартувати / приземлятися

الوتنه کول/کښيناستل

## МІСТО

ښار

село

کلی

центр міста

د ښار مرکز

дім

کور

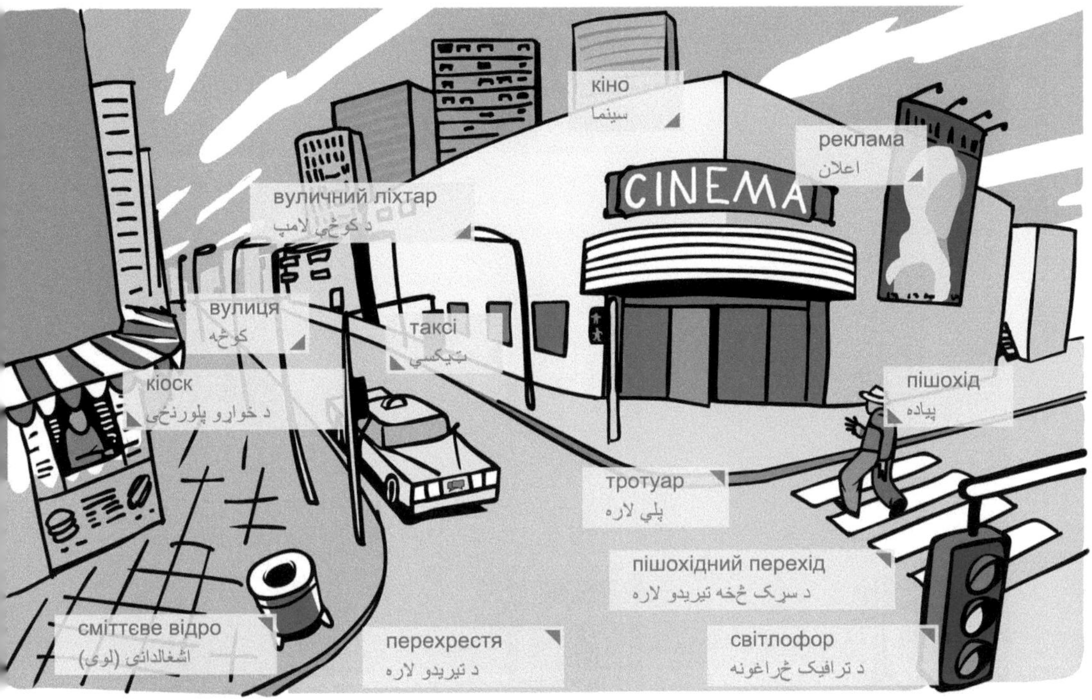

кіно
سینما

реклама
اعلان

вуличний ліхтар
د کوڅې لامپ

# CINEMA

вулиця
کوڅه

таксі
تېکسي

пішохід
پیاده

кіоск
د خوارو پلورنځی

тротуар
پلي لاره

пішохідний перехід
د سرک ښکه تیریدو لاره

сміттєве відро
اشغالدانۍ (لوی)

перехрестя
د تیریدو لاره

світлофор
د ترافیک څراغونه

хатина
کورله

квартира
اپارتمان

вокзал
د ریل سټېشن

ратуша
ټاون هال

музей
میوزیم

школа
ښوونځی

університет

پوهنتون

банк

بانک

лікарня

روغتون

готель

هوټل

аптека

درملتون

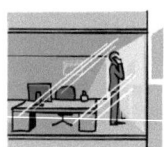

офіс

دفتر

книжковий магазин

کتاب پلورنځی

магазин

پلورنځی

квітковий магазин

د ګلانو پلورنځی

супермаркет

لوی پلورنځی

ринок

مارکیټ

універмаг

د ډیپارټمنټ سټور

торговець рибою

کب پلورنځی

торговельний центр

د پلور مرکز

гавань

لنګرتون

парк

پارک

лава

بینچ

міст

پل

сходи

زینه

метро

د ځمکي لاندی

тунель

تونل

автобусна зупинка

بس تمځای

бар

بار

ресторан

ریستّورانت

поштова скринька

پوست بکس

вулична табличка

د کوڅي نښه

лічильник паркування

د پارک کولو مینټر

зоопарк

ژوبڼ

басейн

د لامبو حوض

мечеть

مسجد

**ферма**

كرونده

**забруднення навколишнього середовища**

چاپاكي

**кладовище**

هديره

**церква**

چرچ

**дитячий майданчик**

د لوبو ډكر

**храм**

معبد/كليسا

# ландшафт

## منظره

листок
پاڼه

вказівний стовп
د لارېوونې نښه

шлях
لاره

луг
چمن

мандрівник
هيكر

камінь
كاڼی

дерево
ونه

річка
سيند

трава
واښه

квітка
ګل

долина

دره

гора

غوندی

озеро

ناور

ліс

جنګل

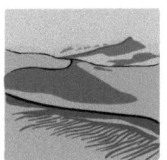

пустеля

دشته

вулкан

اورشیندی

замок

کلا

веселка

رنګین کمان

гриб

مرخیري

пальма

پلم ونه

комар

ماشي

муха

الوتل

мурашка

میږی

бджола

مچۍ

павук

غوندل/جولا

жук

كونكبت

жаба

چونگېرە

вивірка

نولى

їжак

زيرىكى

заєць

سوى

сова

كونگ

птах

مرغى

лебідь

قازە

кабан

نرخوگ

олень

هوسى

лось

گاوزە

гребля

بند

вітряк

بادي توربين

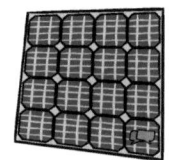

сонячний модуль

سولر تختى

клімат

اقليم

# ресторан

## ريسټورانټ

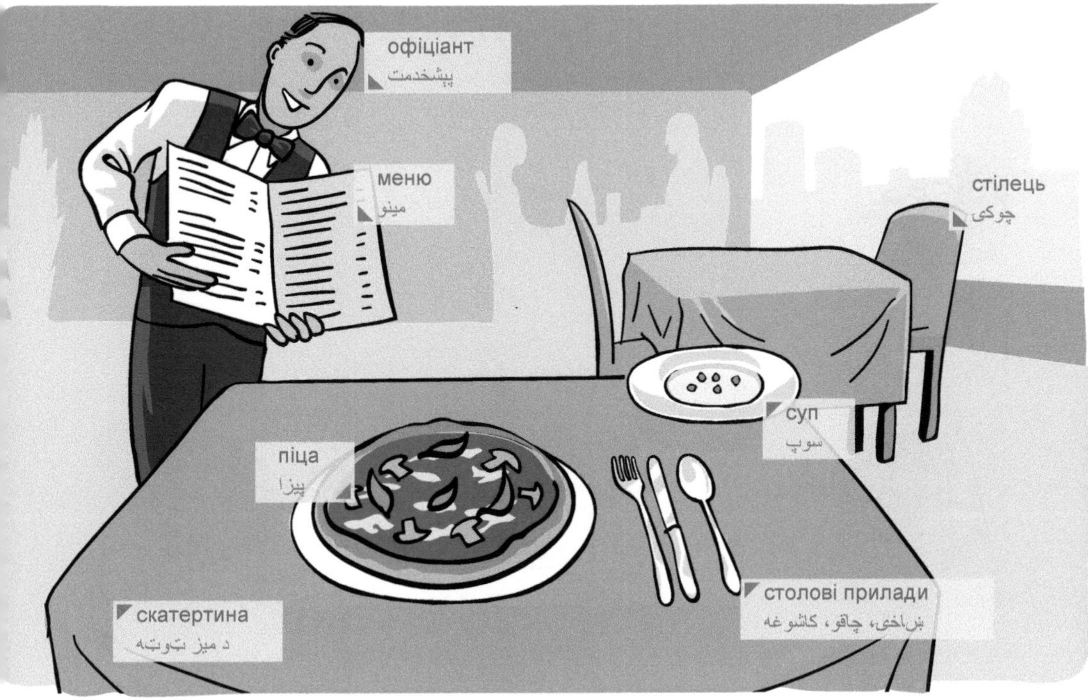
офіціант
پیشخدمت
меню
مینو
стілець
چوکۍ
суп
سوپ
піца
پیزا
скатертина
د میز ټوټه
столові прилади
ښاخۍ، چاقو، کاشوغه

закуска

ستارټر

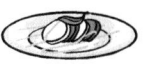

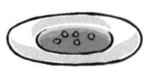

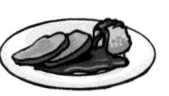

друга страва

اصلي خواړه

десерт

شیریني

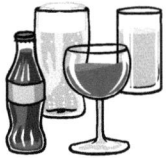

напої

څښاک

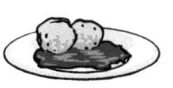

їжа

خواړه

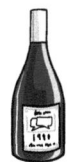

пляшка

بوتل

**фаст-фуд**

فاسټ فوډ

**вулична їжа**

د کوڅې خواړه

**чайник**

چای جوش

**цукорниця**

قندانۍ

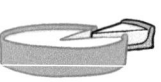

**порція**

برخه

**еспресо-машина**

اسپرسو مشین

**високий стільчик**

لوړه چوکۍ

**рахунок**

رسید

**піднос**

مجمه

**ніж**

چاکو

**вилка**

پنجه

**ложка**

قاشق

**чайна ложка**

چای قاشق

**серветка**

سورویټ

**склянка**

ګلاس

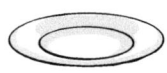

тарілка

پلیټ

тарілка для супу

د سوپ پلیټ

блюдце

نالبکی

соус

ساس

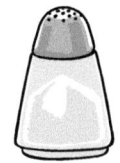

солонка

مالګه شیندونکی

млин для перцю

د مرچ ټکولو لوخی

оцет

سرکه

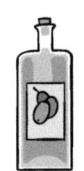

масло

غوري

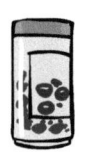

спеції

مساله

кетчуп

کچ اپ

гірчиця

شرشم

майонез

چکه

# супермаркет

## لوی پلورنځی

пропозиція
ځانګړی وړاندیز
FOR
клієнт
پیرودونکی
молочні продукти
لبنیات
фрукти
میوه
візок для покупок
لاسي ګرځ


BUTCHERS


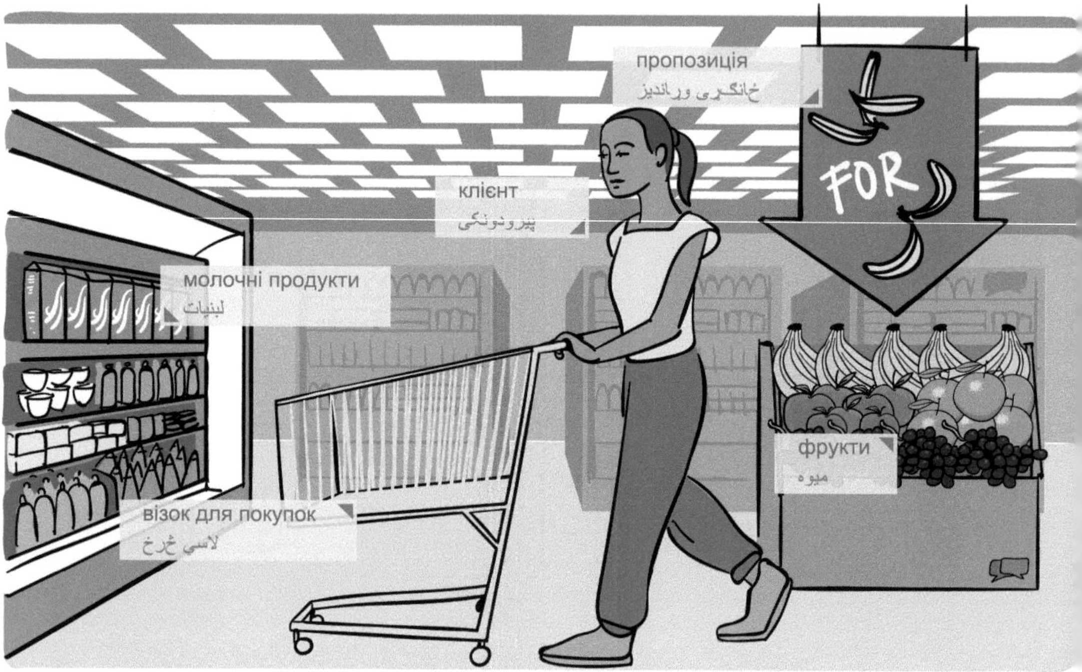

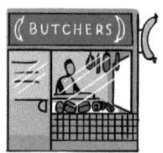

м'ясний магазин

قصابي

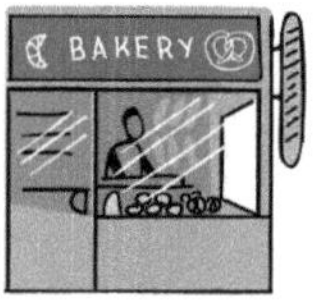

BAKERY


пекарня

نانوایی

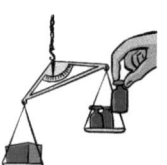

зважувати

وزن کول

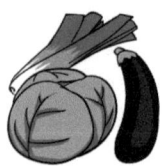

овочі

سبزیجات

м'ясо

غوښه

заморожені продукти

کنګل خواړه

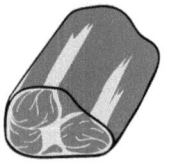

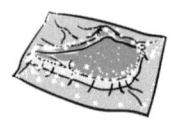

**ковбасна нарізка**

يخه غوښه

**консерви**

كنسروا خواړه

**пральний порошок**

د مينځلو پودر

**солодощі**

شيريني

**предмети домашнього побуту**

كورني توليدات

**мийний засіб**

د پاكولو محصولات

**продавщиця**

د پلور فرد

**каса**

د نغدي راجستر

**касир**

صراف

**список покупок**

د پيرود ليست

**часи роботи**

كاري ساعتونه

**гаманець**

بټوه

**кредитна картка**

كريديت كارت

**сумка**

كڅوړه

**поліетиленовий пакет**

پلاستيك كڅوړه

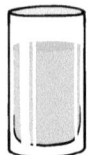

вода

اوبه

сік

جوس

молоко

شیده

кола

کوک

вино

واین

пиво

بیر

алкоголь

الکول

какао

ککاو

чай

چای

кава

کافی

еспресо

اسپرسو

капучіно

کپچینو

банан

کيله

яблуко

مڼه

апельсин

نارنج

кавун

هندوانه

лимон

ليمو

морква

گازره

часник

هوږه

бамбук

بانکس

цибуля

پياز

гриб

مرخيړي

горішки

چغزی

локшина

آش

спагеті

سپیگیتـي

рис

وریجي

салат

سلاد

картопля фрі

چپس

смажена картопля

سره کړي کچالو

піца

پیزا

гамбургер

همبرګـر

бутерброд

ساندویچ

шніцель

کتره

шинка

د پتون غوښه

салямі

سلمي

ковбаса

ساسچ

курка

چرګ

печеня

روست

риба

کب

خواړه - їжа

вівсяні пластівці

د وربشی ثیرني

мюслі

موسلي

кукурудзяні пластівці

د جوار پلی

борошно

اوره

круасан

کروسانت

булочка

د ډوډی رول

хліб

ډوډی

тостовий хліб

ټوسټ

печиво

بسکیټ

масло

کوچ

сир

چکه

пиріг

کیک

яйце

هګی

яєчня

پخ هګی

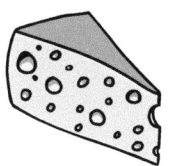

сир

پنیر

морозиво

آیس کریم

цукор

بوره

мед

شهد

мармелад

مربا

нуга-крем

نوگات کریم

карі

کورکمان

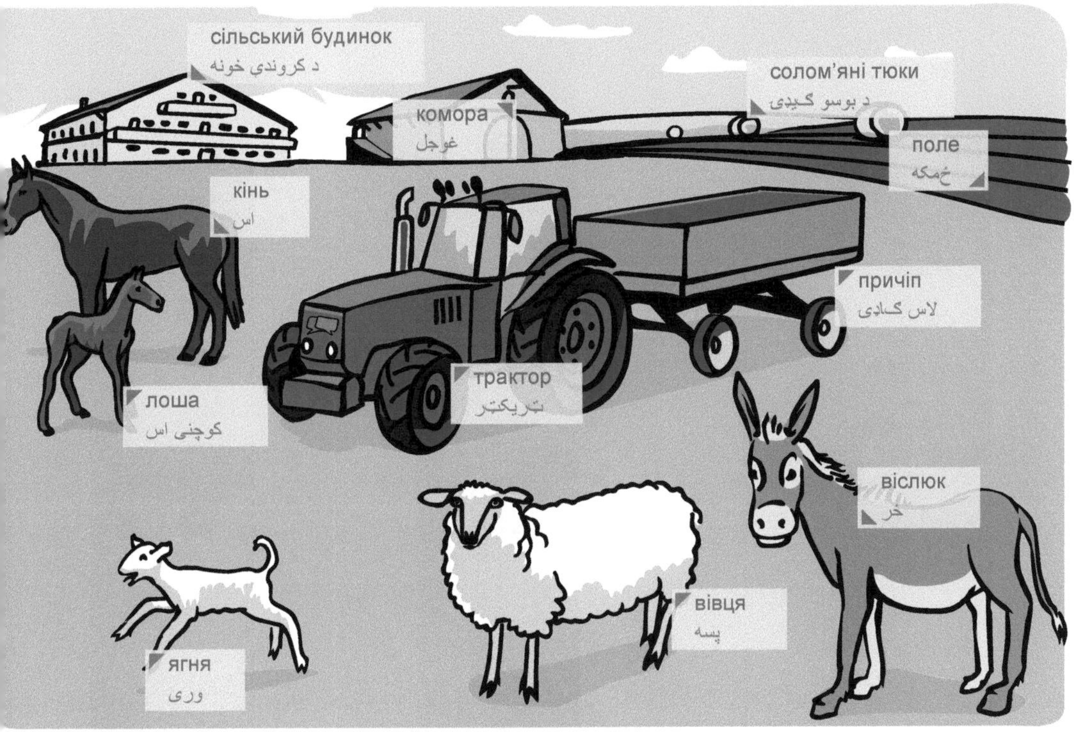

сільський будинок
د کروندی خونه

комора
غوجل

солом'яні тюки
د بوسو گیدی

поле
خمکه

кінь
اس

причіп
لاس گاډی

трактор
ټرکتر

лоша
کوچنی اس

віслюк
خر

ягня
وری

вівця
پسه

коза

وزه

корова

غوا

теля

خوسکی

свиня

خوگ

порося

د خوگ بچی

бик

غویی

гусак

بته

качка

هیلی

курча

چرگوری

курка

چرگه

півень

بانگي

щур

سارای موږک

кіт

پیشک

миша

موږک

віл

غویی

собака

سپی

собача будка

د سپي خونه

садовий шланг

د باغ هوز

лійка

د اوبو لوخی

коса

لور (داس)

плуг

يوی

серп

لور

мотика

رمبی

вила

پنراخی

сокира

تبر

тачка

کراچی

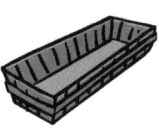

корито

ناوه

бідон молока

د شیدو لوخی

мішок

جوال

паркан

کټاره

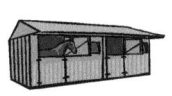

хлів

مضبوط

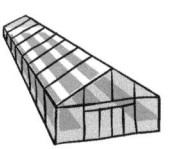

теплиця

ښنه خونه

ґрунт

خاوره

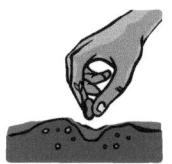

насіння

تخم

добриво

سره/کود

комбайн

کد ریبونکی ماشین

пожинати

زیرمه کول

урожай

درمند

корінь ямсу

خواږه کچالو

пшениця

غنم

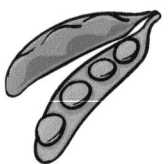

соя

سویا

картопля

کچالو

кукурудза

جوار

ріпак

نباتي تخم

плодове дерево

د میوي ونه

маніок

مانیوک

злаки

غله

димохід
درځه

дах
بام

водостічний лоток
ناودان

вікно
کرکۍ

гараж
ګراج

дзвінок
د دروازې زنګ

двері
دروازه

відро для сміття
اشغالدانۍ

поштова скринька
د لیک بکس

сад
باغ

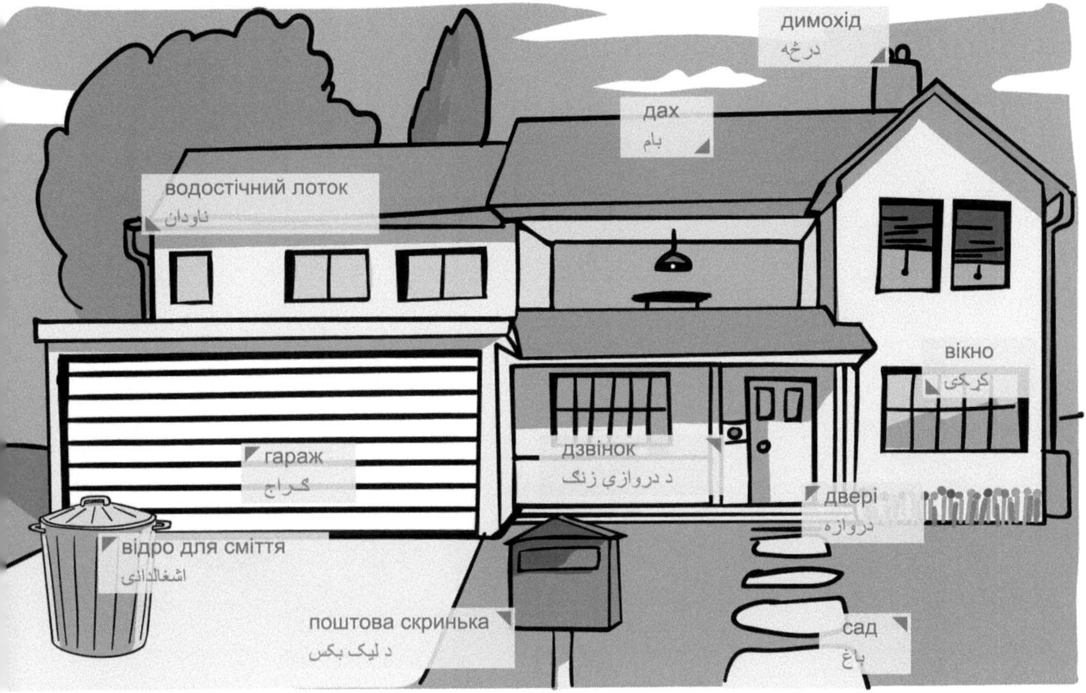

вітальня
د اوسیدو خونه

ванна кімната
حمام

кухня
پخلنځی

спальня
د ویده کیدو خونه

дитяча кімната
د ماشوم خونه

їдальня
د خوارو خونه

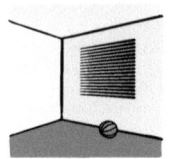

підлога

فرش

стіна

ديوال

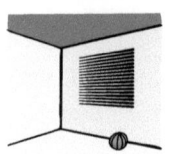

стеля

چت

підвал

زيرخانه

сауна

سونا

балкон

بالكوني

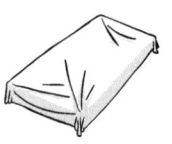

тераса

تراس

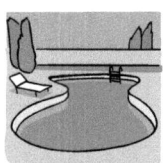

басейн

حوض

косарка

د چمن وهلو ماشين

простирало

ثيت

ковдра

روجايى

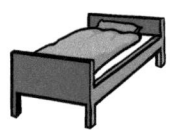

ліжко

تخت

мітла

جارو

відро

بوكه

перемикач

سويچ

# вітальня

## د اوسيدو خونه

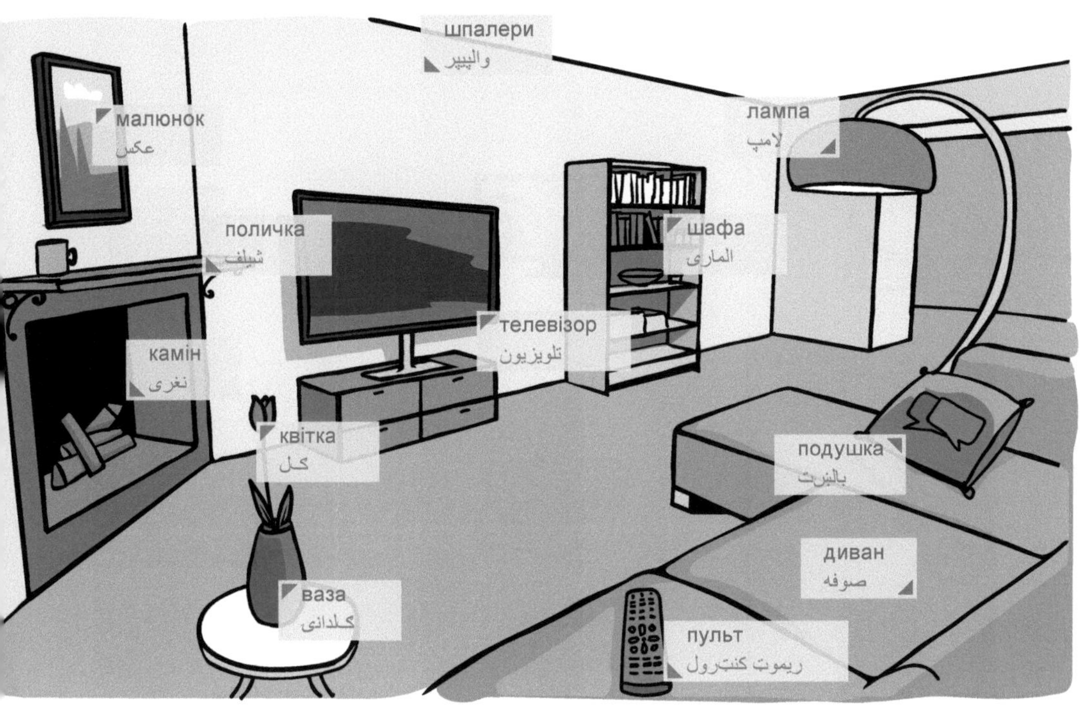
шпалери
والپیپر
малюнок
عکس
лампа
لامپ
поличка
شیلف
шафа
الماری
телевізор
تلویزیون
камін
نغری
квітка
گل
подушка
بالښت
диван
صوفه
ваза
گلدانی
пульт
ریموټ کنټرول

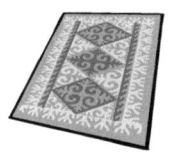

килим

غالی

завіса

پرده

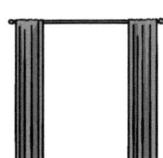

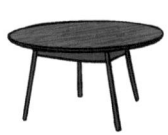

стіл

میز

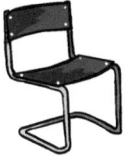

стілець

چوکی

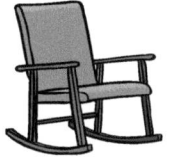

крісло-гойдалка

تاویدونکي چوکی

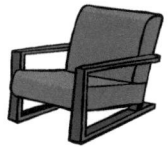

крісло

بازو لرونکی چوکی

книга

كتاب

ковдра

كمبل

прикраса

ديكوريشن

дрова

د اور لرکي

фільм

فلم

стереосистема

هايفای

ключ

کلی

газета

ورځپانه

картина

نقاشي

плакат

پوستر

радіо

راديو

блокнот

کتابچه

пилосос

واکيوم جارو

кактус

کاکتوس

свічка

شمع

# кухня
# پخلنځی

холодильник
فریج
мікрохвильова піч
مایکرو ویو اون
кухонні ваги
د پخلنځي تله
тостер
ټوسټر
мийний засіб
مینځونکی
піч
سټوو
морозильне відділення
یخچال
відро для сміття
اشغالدانی
посудомийна машина
د لوخو مینځونکی

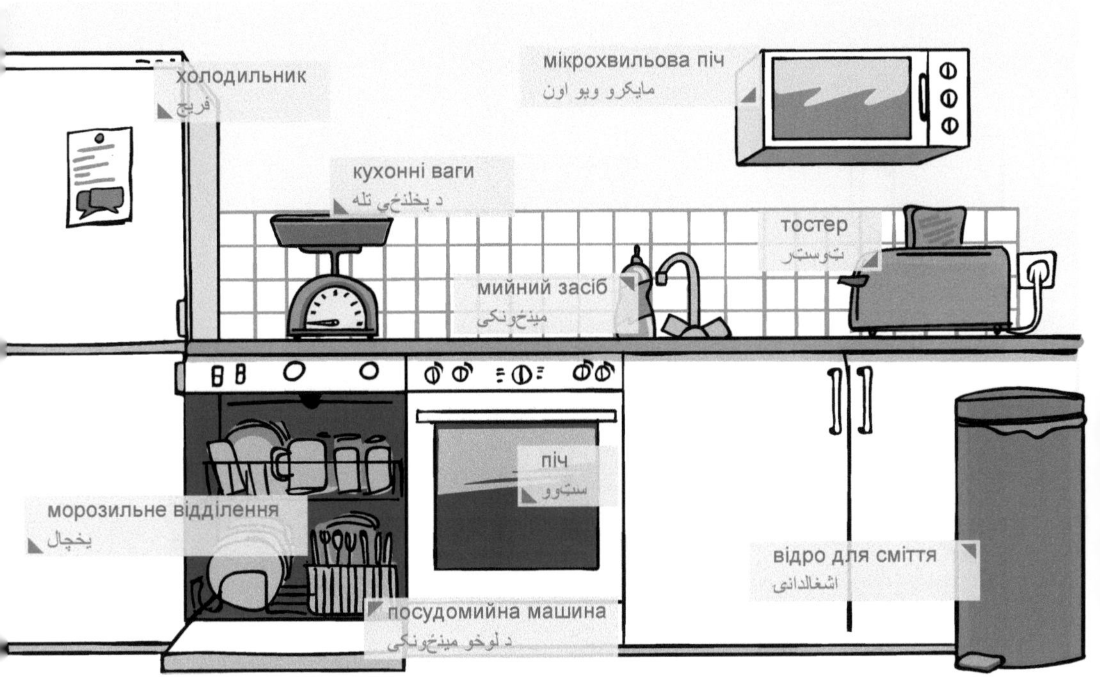

плита

دیگ بخار

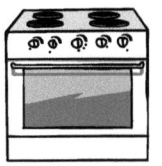

горщик

لوخی

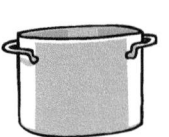

чавунний горщик

چدني لوخی

вок / кадай

ووک

сковорода

د تلي په

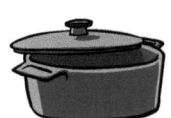

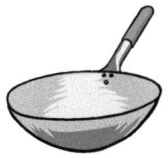

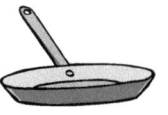

чайник

چای جوش

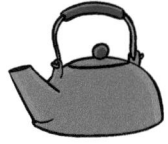

пароварка

د بخار ديگ

лист

پتنوس

посуд

لوخي

кухоль

مگ

чаша

كاسه

палички для їжі

د رانيولو اوزار

черпак

څمڅۍ

лопатка

كفكير

вінчик для збивання

پاكونكى

сито

صافي

сито

غلبيل

терка

كريتر

ступка

اونگ

барбекю

بار بي كيو

багаття

خلاص اور

дошка

تخته

качалка

هوارونکی

штопор

کارک سکریو

конзерва

ټيم

відкривачка

د ټيم خلاصونکی

прихватки

د لوخي ټوتيه

раковина

ظرف شوی

щітка

برس

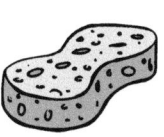

губка

سپنج

міксер

بلیندر

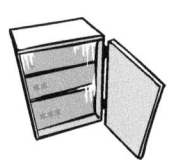

морозильна камера

ژور يخچال

дитяча пляшка

د ماشوم بوتل

кран

نل

# ванна кімната

## حمام

опалення
تودول
рушник
جان پاک
душ
شاور
душова завіса
د شاور پرده
пініста ванна
بيل حمام
ванна
د حمام ټب
склянка
ګلاس
пральна машина
د مينځلو مشين
кран
نل
плитка
ټايلونه
горшок
يو دول كمود
раковина
ظرف شوی


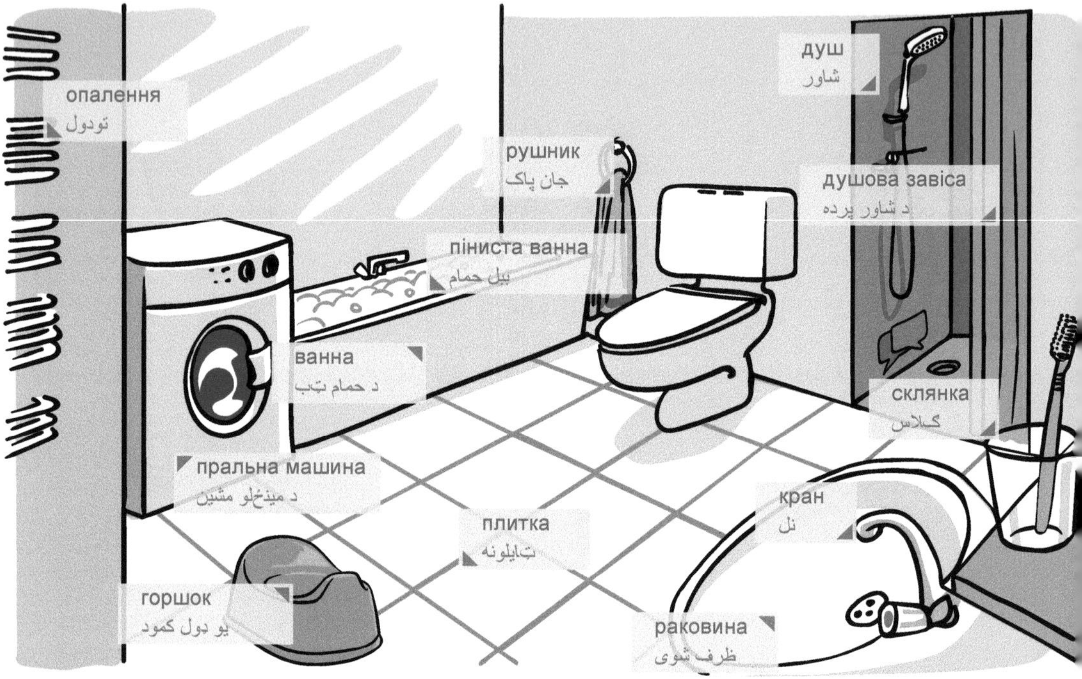

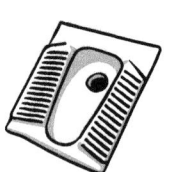

туалет

تشناب

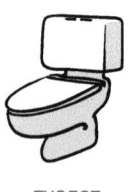

підлоговий туалет

فرشي كمود

біде

كمود

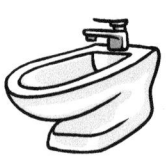

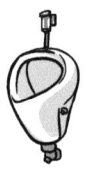

пісуар

د متيازو ځای

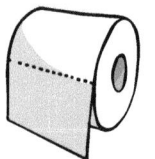

туалетний папір

تشناب كاغذ

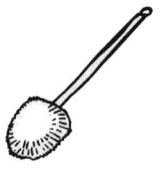

щітка для туалету

د تشناب برس

зубна щітка

د غاښونو برس

зубна паста

د غاښونو کریم

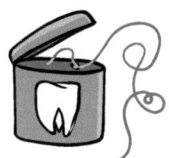

нитка для чищення зубів

د غاښونو نخ

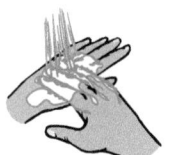

мити

مینځل

ручний душ

لاسي شاور

інтимний душ

دوش

таз

خانک

щітка для спини

د شا برس

мило

صابون

гель для душу

د شاور ژل

шампунь

شامپو

мочалка

فلانل جامه

водостік

وچول

крем

کریم

дезодорант

سپری

ванна кімната - حمام

дзеркало

آینه

космети́чне дзеркало

لاسي آینه

бритва

ریزر

піна для гоління

د خریلو فوم

лосьйон після гоління

د خریلو وروسته

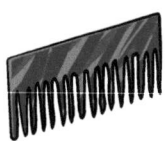

гребінь

كمنخ

щітка

برس

фен

د ویښتانو وچونکی

лак для волосся

د ویښتانو سپری

косметика

میک اپ

губна помада

لیپ ستیک

лак для нігтів

د نوکانو پالش

вата

كاتن وری

ножиці для нігтів

ناخن گیر

парфум

عطر

косметичка

د مینځلو کڅوړه

табурет

سټول

ваги

د وزن کولو تله

халат

د حمام پوښاک

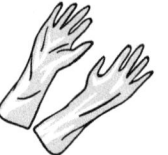

гумові рукавички

د ربر دستکش

тампон

تَامپون

гігієнічні прокладки

صحیی جان پاک

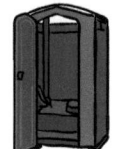

біотуалет

کیمیکل تشناب

# дитяча кімната

## د ماشوم خونه

будильник
د الارم ساعت
м'яка іграшка
د لوبو وسایل
іграшковий автомобіль
د نانځکي موټر
брязкальце
ریټل
ляльковий будиночок
د نانځکو خونه
подарунок
ډالۍ

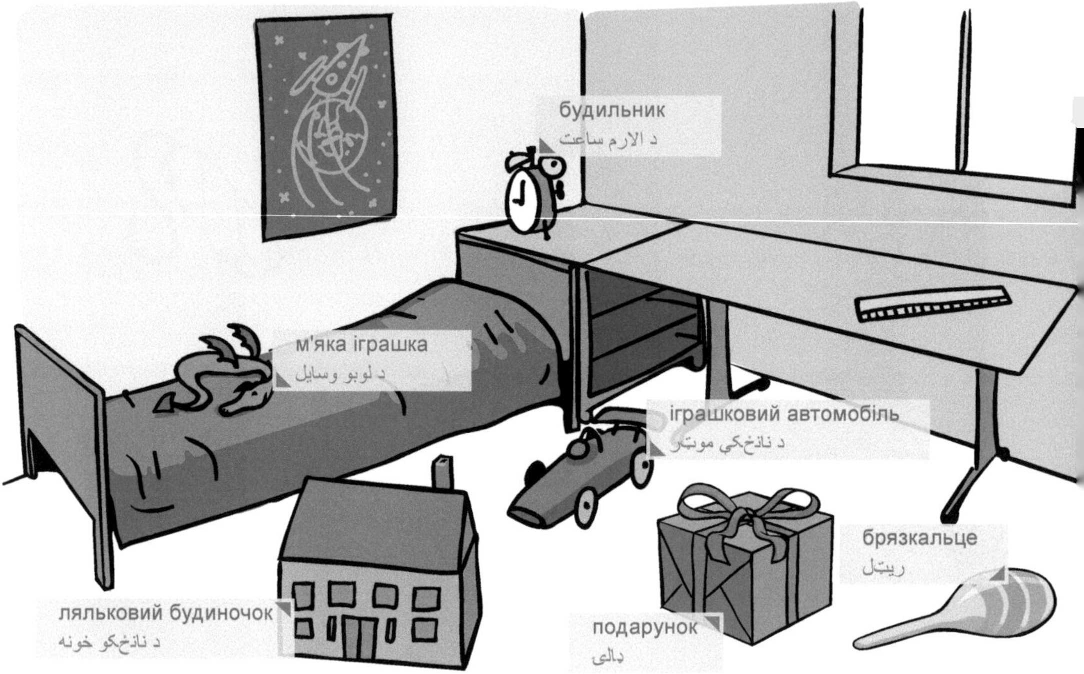

повітряна кулька

بالون

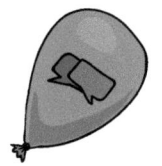

ліжко

تخت

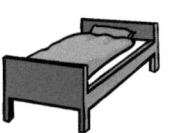

дитячий візок

کالسکه

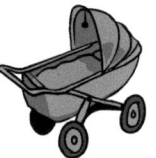

картярська гра

د لوبو ورقې

пазл

جیګسا

SUPER
MEGA

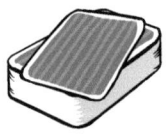

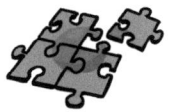

комікс

مسخره

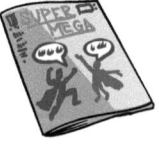

**лего цеглинки**

ليگو بريک

**блоки**

د نانځکو بلاک

**іграшкова фігурка**

د اکشن فيگور

**повзунки**

د ماشوم پوښناک

**фризбі**

فريزبي

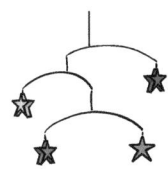

**мобіле**

موبايل

**настільна гра**

بورد لوبه

**кубик**

تاس

**модель залізнична станція**

مادل ريل سيټ

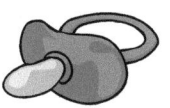

**соска**

گونگشى

**вечірка**

پارتي

**книжка з картинками**

د عکسونو البوم

**м'яч**

بال

**лялька**

نانځکه

**грати**

لوبيدل

пісочниця

د شګو کنده

гойдалка

سوینګ

іграшка

ناز خکی

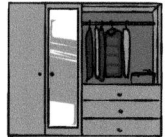

гральна консоль

د ویدیو لوبو کنسول

триколісний велосипед

نترای سایکل

плюшевий мішка

کوډکه

шафа

د کالو الماری

## ОДЯГ

پوښاک

шкарпетки

جرابي

панчохи

لوړي جرابي

колготки

تاییتس

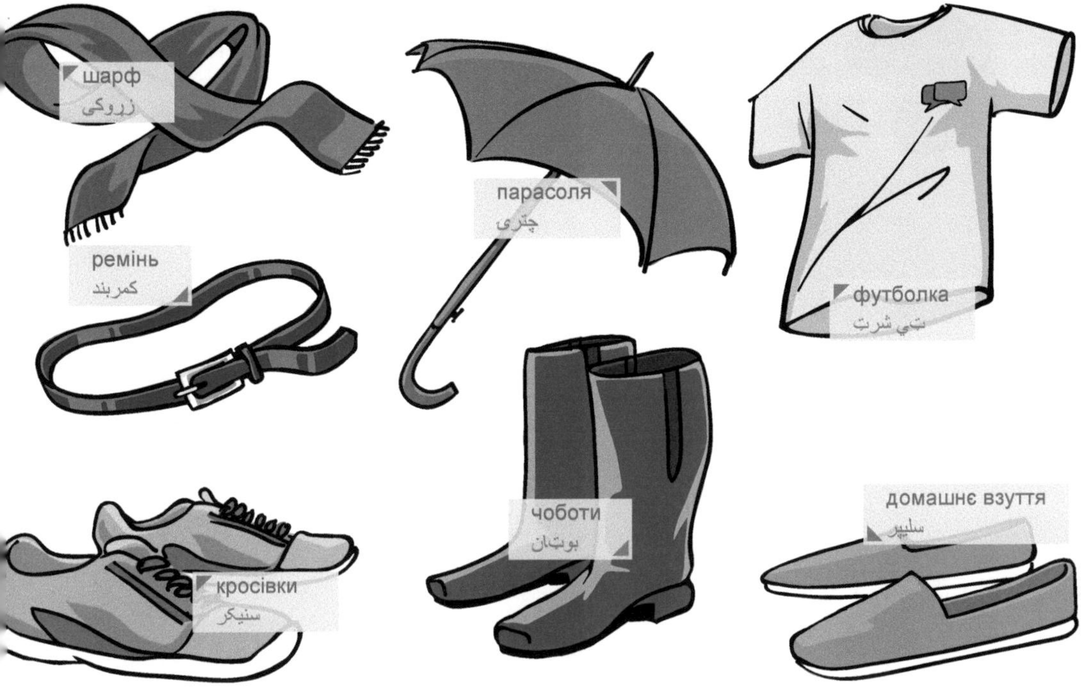

шарф
زروکی

парасоля
چتری

футболка
ٹي شرٹ

ремінь
کمربند

чоботи
بوٹان

домашнє взуття
سلیپر

кросівки
سنیکر

сандалі
سینډل

взуття
بوتان

гумові чоботи
د ربر بوتان

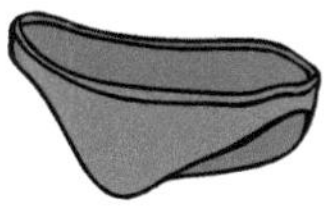

труси
زیرنیکري

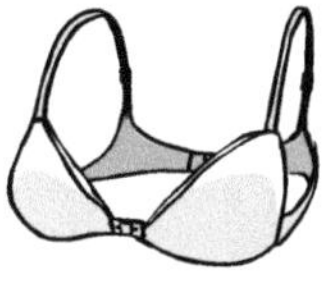

бюстгальтер
سینه بند

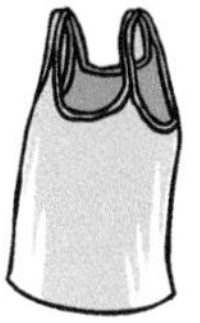

нижня сорочка
واسکت

боді

بادي

штани

پتلون

джинси

جينز

спідниця

لمن

блузка

بلاوز

сорочка

شرت

пуловер

بنيان

светр

سويټر

піджак

بليزر

куртка

جاكټ

пальто

كوټ

дощовик

د باران كوټ

костюм

پوښاک

сукня

كالي

весільна сукня

د واده پوښاک

костюм

دريشي

нічна сорочка

د شپې پوښاک

піжама

پاجامه

сарі

ساري

головна хустка

لوپته

чалма

پتنکی

бурка

برقه

кафтан

کفتن

абая

عبا

купальник

د لامبو پوښاک

плавки

نیکر

шорти

شارټ

тренувальний костюм

د ځغاستی پوښاک

фартух

پیش بند

рукавички

دستکش

гудзик

بټن

окуляри

عینک

браслет

لاس بند

ланцюг

غاړه کی

кільце

ګوتمه

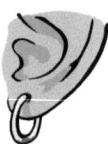

сережка

غوږوالی

шапка

خولی

плічка

کوټ بند

капелюх

خولی

краватка

نتايي

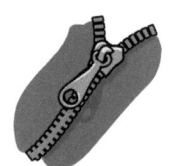

застібка-блискавка

خنڅير

шолом

هیلمیت

підтяжки

ترونکی

шкільна форма

د ښوونځي یونیفارم

уніформа

یونیفارم

нагрудник

بيب

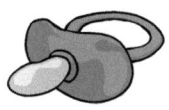

соска

ګونګشى

підгузок

نيپي

# офіс

сервер
سرور

шаф для документів
د دوسيه المارى

принтер
پرينتر

монітор
مانيتور

папір
ورق

письмовий стіл
ډيسک

миша
ماوس

папка
فولدر

синтезатор
کي بورد

кошик для паперу
اشغالدانى

комп'ютер
کمپيوټر

стілець
چوکۍ

кавовий кухоль

د کافي پياله

калькулятор

کالکوليټر

інтернет

انټرنيټ

دفتر - офіс

49

ноутбук

لپ تاپ

лист

کیل

повідомлення

پیغام

мобільний телефон

موبایل

мережа

نیتورک

копіювальний пристрій

فوتوکاپیر

програмне забезпечення

سافتویر

телефон

تلیفون

розетка

پلک ساکت

факс

فکس مشین

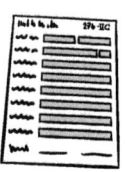

бланк

فارم

документ

سند

купувати

پېرل

платити

تاديه كول

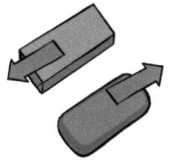

торгувати

سوداګري كول

гроші

پيسې

 **USD**

долар

ډالر

 **EUR**

євро

يورو

 **JPY**

ієна

ين

 **RUB**

рубль

ربل

 **CHF**

франк

سويسي فرانك

 **CNY**

юанів женьміньбі

رينمينبي يوان

 **INR**

рупія

روپۍ

банкомат

د نغدي پيسو خای

обмінний пункт

د اسعارو د تبادلي دفتر

золото

سره زر

срібло

سپين زر

нафта

تيل

енергія

انرژي

ціна

نرخ

контракт

قرارداد

податок

ماليه

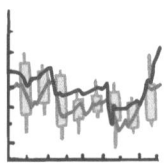

акція

اسهام

працювати

کار کول

працівник

کارمند

роботодавець

کار ګومارونکی

фабрика

فابریکه

магазин

پلورنځی

поліцейський
د پوليسو افسر

пожежник
د اطفایه غری

пілот
پيلوټ

лікар
ډاکټر

повар
آشپز

садівник
باغوان

столяр
نجار

швачка
خياط

суддя
قاضي

хімік
کيميا پوه

актор
د فلم لوبغاړی

водій автобуса

د بس درايور

таксист

د ټيکسي درايور

рибалка

کب نيونکی

прибиральниця

خدمه

покрівельник

بام جوړونکی

офіціант

پیشخدمت

мисливець

ښکاري

художник

نقاش

пекар

نانوا

електрик

د برښنا کارکونکی

будівельник

تعمیر جوړونکی

інженер

انجنیر

забійник

قصاب

бляхар

نلدوان

листоноша

پوست رسونکی

солдат

سرتيرى

архітектор

مهندس

касир

صراف

флорист

ماليار

перукар

نايى

кондуктор

كلېندر

механік

مېكانيک

капітан

كپتان

дантист

د غاښونو ډاكټر

вчений

ساينس پوه

рабин

بش‌باغلى

імам

امام

монах

مذهبي نفر

пастор

پادري

# інструменти

## لوازم

молоток
څټکی
щипці
پلاس
викрутка
پیچکش
гайковий ключ
رینچ
кишеньковий ліх
څراغ


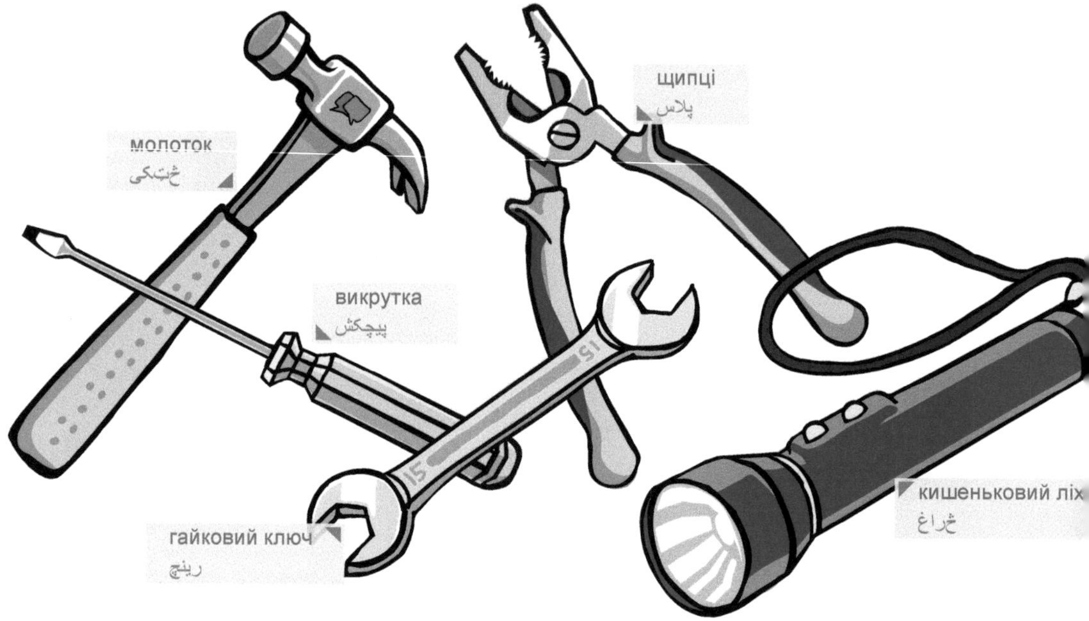

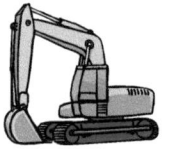

екскаватор

.................

کنستونکی

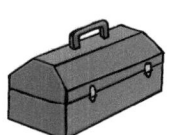

ящик для інструментів

.................

د لوازمو بکس

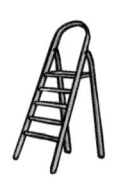

драбина

.................

زینه

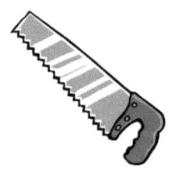

пилка

.................

اره

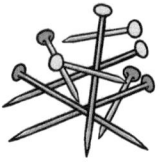

цвяхи

.................

میخونه

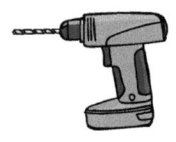

свердло

.................

برمه

ремонтувати

ترمیم کول

лопата

بیل

лайно!

لعنت!

совок

خاک انداز

відро з фарбою

مشوانی

гвинти

پیچونه

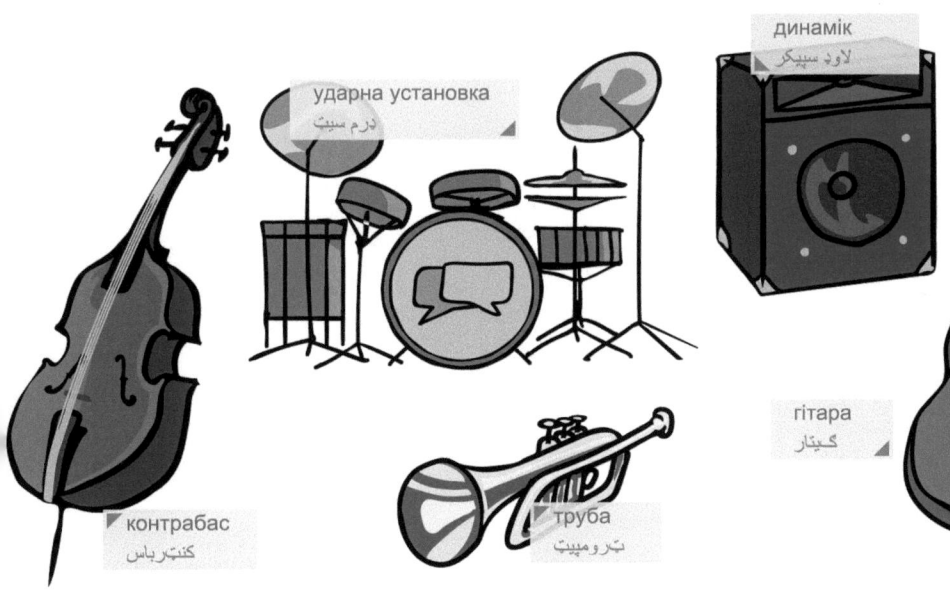

ударна установка

ډرم سیټ

динамік

لاوډ سپیکر

гітара

ګیتار

контрабас

کنټرباس

труба

ټرومپیټ

фортепіано

پیانو

скрипка

وايلن

бас

باس

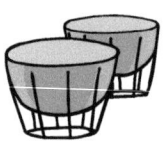

литаври

نغاره

барабан

ډرمونه

клавіатура

کي بورد

саксофон

سیکسافون

флейта

شپیلی

мікрофон

مايکروفون

вхід
ننوتو لاړه

тигр
پرانگ

клітка
پنجره

зебра
كوره خر

корм
دژويو خواړه

панда
پاندا

тварини

ژوی

слон

هاتي

кенгуру

كنگرو

носоріг

د اوبو اسپ

горила

گوريلا

ведмідь

ايږه

верблюд

اوښ

страус

 شترمرغ

лев

زمری

мавпа

بيزو

фламінго

غزی

папуга

طوطي

білий ведмідь

قطبي ايږه

пінгвін

پینگوین

акула

شارک

павич

طاوس

змія

مار

крокодил

تمساح

працівник зоопарку

ژوبن ساتونکی

тюлень

سیل

ягуар

جگوار

поні

يابو

леопард

پرانگ

гіпопотам

هيپو

жираф

زرافه

орел

باز

кабан

نرخوگ

риба

کب

черепаха

شمشتی

морж

سمندري نولی

лисиця

گيدره

газель

هوسی

американський футбол
امریکایی فتبال

їзда на велосипеді
سایکل خوځول

теніс
تینیس

баскетбол
باسکیتبال

плавання
لامبو

бокс
باکسینګ

хокей
د کنګل هاکي

футбол
فتبال

бадмінтон
کسیزه

легка атлетика
د خغاستی لوبی

гандбол
د هندبال

лижні перегони
سکي

поло
پولو

сміятися
خندل

стрибати
ټوپ وهل

обіймати
غاړه ورکول

йти
کرخیل

співати
سندري ویل

молитися
عبادت کول

цілувати
مچ کول

мріяти
خوب لیدل

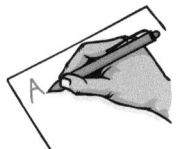

**писати**

لیکل

**малювати**

کښل

**показувати**

ښودل

**тиснути**

ټیله کول

**давати**

ورکول

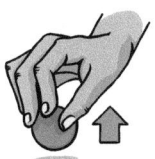

**брати**

اخیستل

мати

درلودل

робити

کول

бути

پاييدل

стояти

ودريدل

бігати

مندي وهل

тягнути

راکښل

кидати

ګوزارل

падати

لويدل

лежати

څملاستل

очікувати

انتظار کول

носити

ورل

сидіти

کښيناستل

одягати

پوښاک اغوستل

спати

ويده کيدل

просипатися

پاڅيدل

дивитися

كتل

плакати

ژړل

гладити

بريد كول

розчісувати

گمنځخ كول

розмовляти

خبري كول

розуміти

پوهيدل

питати

غوښتل

слухати

اوريدل

пити

څښل

їсти

خورل

прибирати

پاكول

любити

مينه كول

варити

پخلى كول

їхати

موټر چلول

літати

الوتل

йти під вітрилом

بېرۍ چلول

рахувати

حساب

читати

لوستل

вчитися

زده کول

працювати

کار کول

одружуватися

واده کول

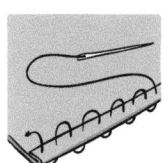

шити

ګنډل

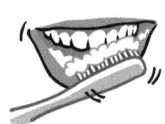

чистити зуби

د غاښونو برس کول

убивати

وژل

курити

سګرټ څښل

посилати

لېږل

бабуся
نیا

немовля
ماشوم

дідуся
نیکه

мати
مور

батько
پلار

донька
لور

син
زوی

гість

 میلمه

тітка

ترور

дядько

کاکا/ماما

брат

ورور

сестра

خور

# тіло

## بدن

чоло
تندی
око
سترګې
плече
اوږه
палець
ګوته
обличчя
مخ
підборіддя
زنه
кисть
لاس
груди
سینه
нога
پښه
рука
مټ


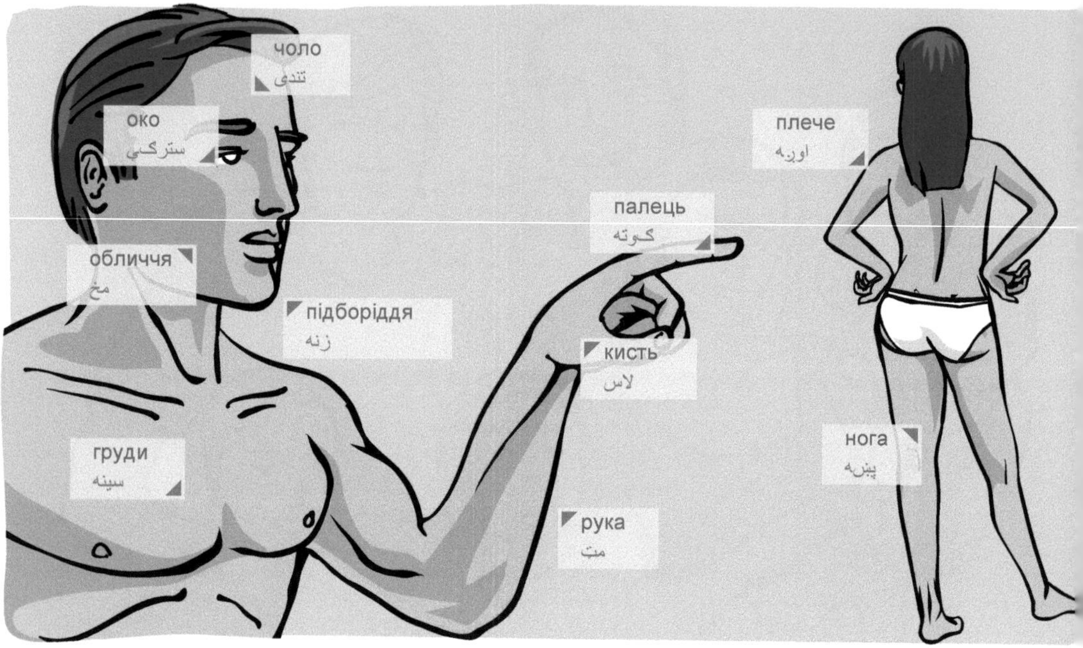

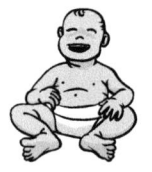

немовля

ماشوم

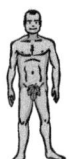

чоловік

سړی

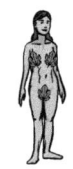

жінка

ښځه

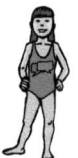

дівчина

انجلۍ

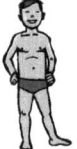

хлопчик

هلک

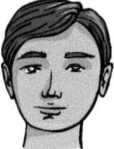

голова

سر

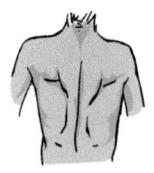

спина

شا

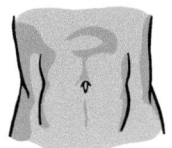

живіт

خیټه

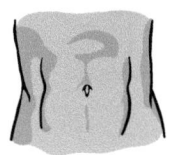

пуп

نوم

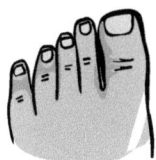

палець ноги

د پښي ګوته

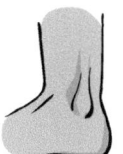

п'ята

پونده

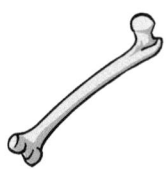

кістка

هډوکی

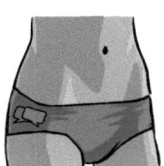

стегно

کوناتی

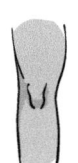

коліно

زنګون

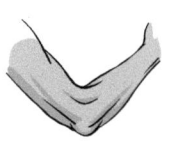

лікоть

څنګل

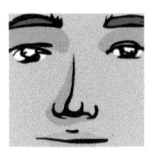

ніс

پوزه

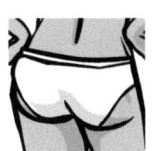

сідниці

لاندي برخه

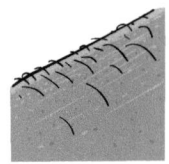

шкіра

پوټکی

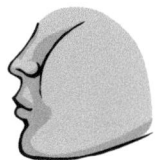

щока

غومبوری

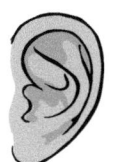

вухо

غوږ

губа

شونډه

تیلو - بدن - тіло

рот

خوله

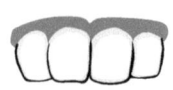

зуб

غاښ

язик

ژبه

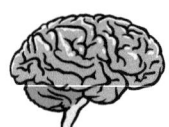

мозок

مغز

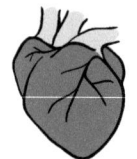

серце

زړه

м'яз

عضله

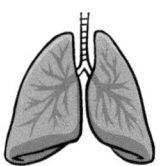

легені

سږری

печінка

ځيګر

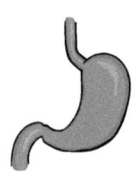

шлунок

معده

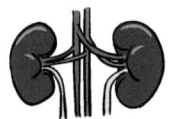

нирки

پښتورګي

статевий акт

جنسي نږدي والی

презерватив

کاندوم

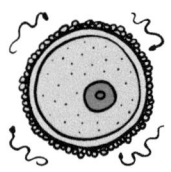

яйцеклітина

تخمه

сперма

مني

вагітність

حمل

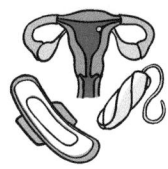

менструація
.............
حيض

вагіна
.............
مهبل

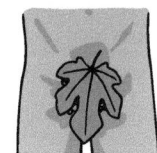

пеніс
.............
د نارينه تناسلي آله

брова
.............
وروځى

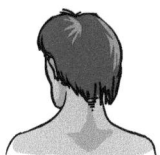

волосся
.............
ويښته

шия
.............
غاړه

# лікарня

## روغتون

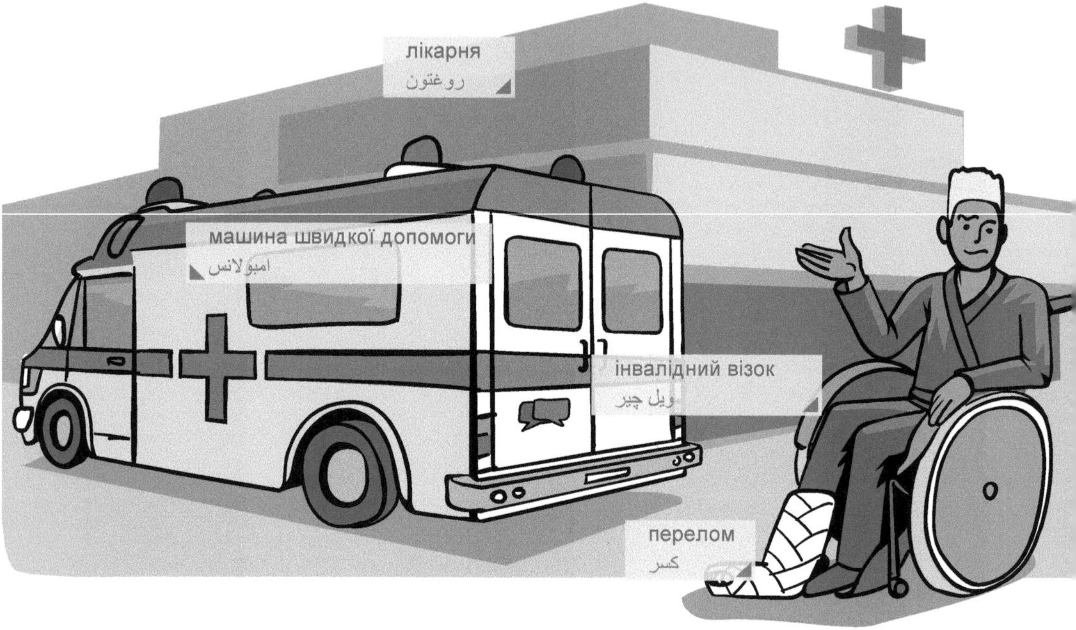

лікарня
روغتون
машина швидкої допомоги
امبولانس
інвалідний візок
ویل چیر
перелом
کسر


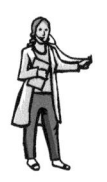

лікар

ډاکټر

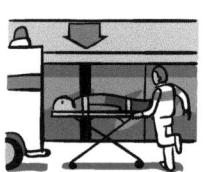

відділення швидкої медичної допомоги

عاجل خونه

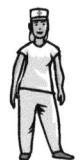

медсестра

رنځورپال

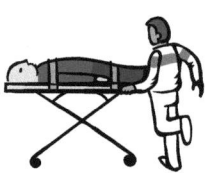

аварійний випадок

عاجل

непритомний

بې هوش

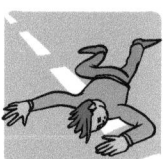

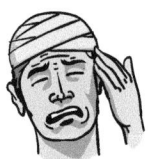

біль

درد

травма

پټه

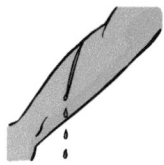

кровотеча

د وینه تویدل

інфаркт

د زړه حمله

інсульт

ضرب

алергія

حساسیت

кашель

ټوخی

лихоманка

تبه

грип

انفلوینزا

пронос

نس ناستی

головна біль

سر درد

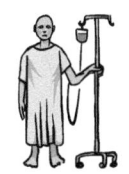

рак

سرطان

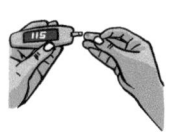

діабет

شکر

хірург

جراح

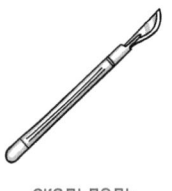

скальпель

سکالپل

операція

عملیات

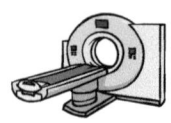

КТ

سي‌ ‌تي

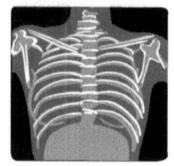

рентген

ایکس ری

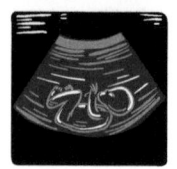

ультразвук

التراساوند

маска

د مخ ماسک

хвороба

ناروغي

зал очікування

انتظار خونه

милиця

امسأ

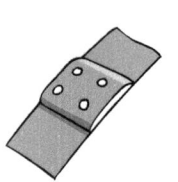

пластир

پلستر

пов'язка

بنداژ

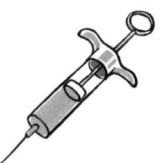

ін'єкція

تزریق

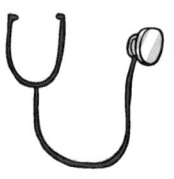

стетоскоп

ستاتسکوپ

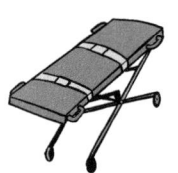

ноші

تسکیره

термометр

کلینکي ترماميتر

народження

زيږدون

надмірна вага

زيات وزن

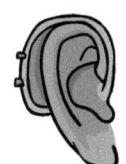

слуховий апарат

د اوريدو مرسته

дезінфікуючий засіб

د عفونيت څخه پاکونکي مواد

інфекція

عفونيت

вірус

ويروس

ВІЛ / СНІД

ایچ.آی.وی/ایدز

медицина

درمل

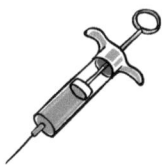

вакцинація

واکسين

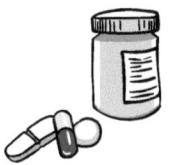

таблетки

ت‌ابلیت‌س

протизаплідна пігулка

کولۍ

екстрений виклик

عاجل ټليفون

тонометр

د وينې د فشار څارونکی

хворий / здоровий

ناروغ/روغ

сигнал тривоги

الآلارم

напад

يرغل

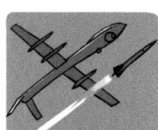

Допоможіть!

مرسته!

атака

بريد

небезпека

خطر

аварійний вихід

عاجل لاره

Вогонь!

اور!

вогнегасник

د اور وژونکی

аварія

پيښه

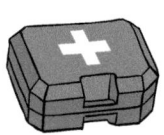

аптечка

د لومړی مرستې لوازم

СОС

ايس.او.ايس

поліція

پوليس

Європа

اروپا

Північна Америка

شمالي امريکا

Південна Америка

سهيلي امريکا

Африка

افريقا

Азія

آسيا

Австралія

آستَريليا

Атлантика

اتلانتيک

Тихий океан

پاسيفيک

Індійський океан

د هند بحر

Антарктичний океан

جنوبي منجمد بحر

Північний Льодовитий океан

د شمال قطب بحر

Північний полюс

شمالي قطب

Південний полюс

سهيلي قطب

Антарктика

انتارکتیکا

Земля

ځمکه

суша

ځمکه

море

بحر

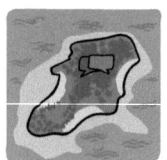

острів

ټاپو

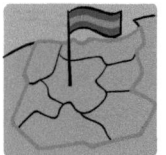

нація

ملت

держава

دولت

циферблат

د مخي ساعت

годиннникова стрілка

د ساعت ستنه

хвилинна стрілка

د دقيقي ستنه

секундна стрілка

د ثانیی ستنه

Котра година?

څه وخت دی؟

день

ورځ

час

وخت

зараз

اوس

цифровий годинник

ډیجیتل ساعت

хвилина

دقیقه

година

ساعت

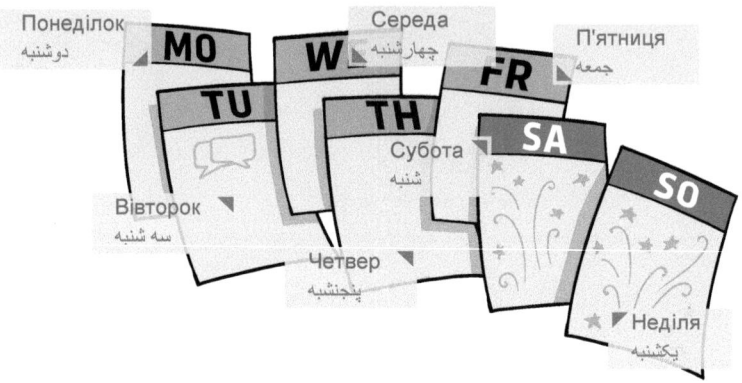

Понеділок
دوشنبه

MO

Середа
چهارشنبه

W

П'ятниця
جمعه

FR

TU

Вівторок
سه شنبه

TH

Субота
شنبه

SA

Четвер
پنجشنبه

SO

Неділя
یکشنبه

вчора

پرون

сьогодні

نن

завтра

سبا

ранок

سهار

опівдні

غرمه

вечір

ماښام

робочі дні

کاري ورځي

кінець робочого тижня

د اونۍ پای

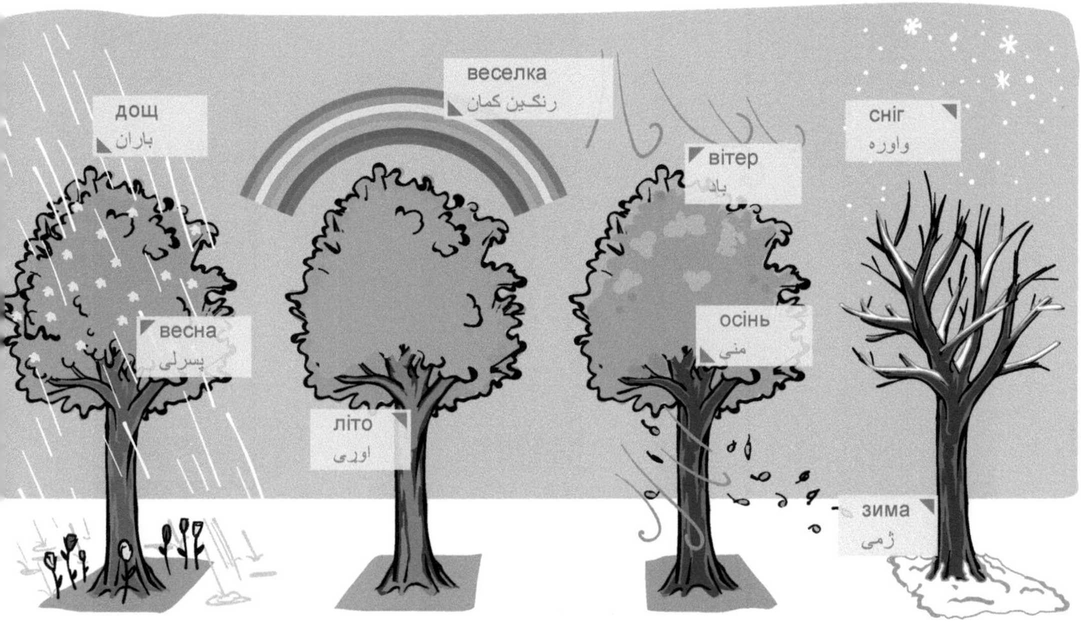

дощ
باران
веселка
رنګین کمان
вітер
باد
сніг
واوره
весна
پسرلی
літо
اوړی
осінь
منی
зима
ژمی


4.APRIL 11°
5.APRIL 4°
6.APRIL 13°
7.APRIL 8°
8.APRIL 10°


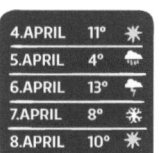

прогноз погоди

د موسم وړاندوینه

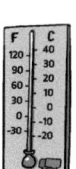

F
C
120
90
60
30
0
-30
40
30
20
10
0
-10
-20


термометр

ترمومیټر

сонячне світло

د لمر وړانګې

хмара

وریځ

туман

لړه

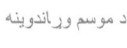

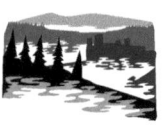

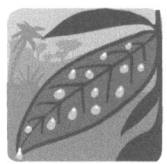

вологість повітря

رطوبت

блискавка

رپنا

грім

تندر

шторм

توفان

град

رلی وریڈل

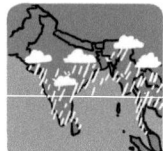

мусон

مون سون باران

повінь

سیلاب

лід

یخ

Січень

جنوري

Лютий

فبروري

Березень

مارچ

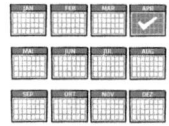

Квітень

اپرېل

Травень

می

Червень

جون

Липень

جولای

Серпень

اگست

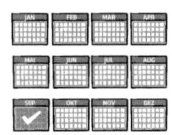

Вересень
..................
سپتمبر

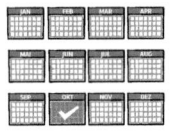

Жовтень
..................
اکتوبر

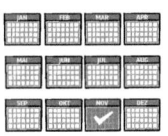

Листопад
..................
نومبر

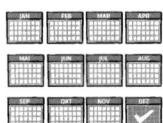

Грудень
..................
دسمبر

# форми

## شکلونه

круг
..................
دایره

квадрат
..................
مربع

прямокутник
..................
مستطیل

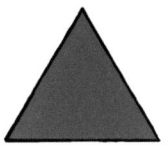

трикутник
..................
مثلث

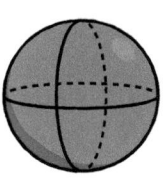

куля
..................
توپ

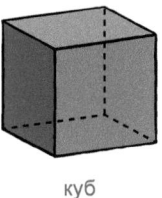

куб
..................
فال

**білий**

سپین

**жовтий**

ژیر

**помаранчевий**

نارنجي

**рожевий**

ګلابي

**червоний**

سور

**фіолетовий**

ارغواني

**синій**

نیلي

**зелений**

شین

**коричневий**

نسواري

**сірий**

خړ

**чорний**

تور

багато / мало

خورا ديږ/خورا لږ

лютий / мирний

قارار/ارام

гарний / бридкий

ښكلى/بدشكله

початок / кінець

پيل/پاى

великий / малий

لوى/كوچنى

світлий / темний

روښانه/تياره

брат / сестра

ورور/خور

чистий / брудний

پاك/ككر

завершений / незавершений

مكمل/نامكمل

день / ніч

ورخ/شپه

мертвий / живий

مړ/ژوندى

широкий / вузький

پراخه/نرى

їстівний / неїстівний

د خوراک وړ/نه خوړل کیدونکی

злий / дружній

بد/مهربان

збуджений / нудьгуючий

پاریدلی/بی خونده

товстий / тонкий

چاق/وچ

спочатку / востаннє

لومړی/وروستی

друг / ворог

ملگری/دښمن

повний / порожній

ډک/تش

жорсткий / м'який

سخت/نرم

важкий / легкий

دروند/سپک

голод / спрага

لوږه/تنده

хворий / здоровий

ناروغ/روغ

незаконний / законний

غیرقانوني/قانوني

розумний / дурний

هوښیار/ساده

вліво / вправо

کین/ښی

поруч / далеко

نږدی/لری

новий / використаний

نوی/زور

нічого / щось

هيخ/يوشه

старий / молодий

بډا/خوان

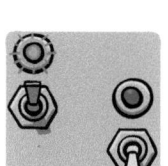

вкл / викл

چالا/بند

відкрито / закрито

خلاص/ترلی

тихо / гучно

غلی/لور غږ

багатий / бідний

بډايه/غريب

правильно / неправильно

صحيد/غلط

шорсткий / гладкий

زبر/ملايم

сумний / щасливий

خفه/خوش

короткий / довгий

لنډ/اوږد

повільно / швидко

سست/گرندی

вологий / сухий

لوند/وچ

гарячий / холодний

ګرم/يخ

війна / мир

جکړه/سوله

**0**

нуль

صفر

**1**

один

يو

**2**

два

دوه

**3**

три

درى

**4**

чотири

څلور

**5**

п'ять

پنځه

**6**

шість

شپږ

**7**

сім

اوه

**8**

вісім

اته

**9**

дев'ять

نهه

**10**

десять

لس

**11**

одинадцять

يولس

## 12
дванадцять

دولس

## 13
тринадцять

ديارلس

## 14
чотирнадцять

څوارلس

## 15
п'ятнадцять

پنځلس

## 16
шістнадцять

شپارس

## 17
сімнадцять

وولس

## 18
вісімнадцять

اتلس

## 19
дев'ятнадцять

نولس

## 20
двадцять

شل

## 100
сто

سل

## 1.000
тисяча

زر

## 1.000.000
мільйон

ميليون

англійська

انګلیسي

американська англійська

امریکایي انګلیسي

китайська
високочиновницька

چینایي مندرین

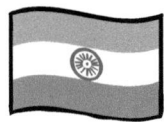

хінді

هندي

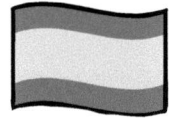

іспанська

هسپانوي

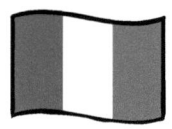

французька

فرانسوي

арабська

عربي

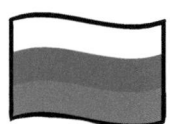

російська

روسي

португальська

پرتګالي

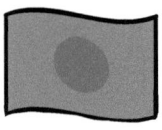

бенгальська

بنګالي

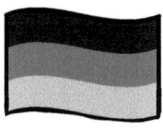

німецька

ألماني

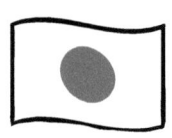

японська

جاپاني

я

زه

ти

ته

він / вона / воно

هغه/دغه/دا

ми

موږ

ви

تاسي

вони

دوی/هغوی

хто?

څوک؟

що?

څه؟

як?

څنگه؟

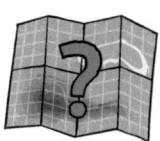

де?

چيری؟

коли?

كله؟

ім'я

نوم

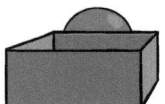

ззаду

شاته

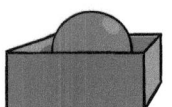

в

په

перед

په مخه کي

над

باندي

на

په

під

لاندي

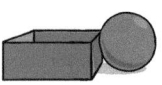

біля

برسيره پر

між

ترمينځ

місце

ځای